LIBRO 1

HAL LEONARD
MÉTODO DE GUITARRA

GUITARRA PARA NIÑOS

Un guía para principiantes con instrucciones paso a paso
para guitarra acústica y guitarra eléctrica

POR BOB MORRIS Y
JEFF SCHROEDL

T0071612

Para acceder al audio visita:
www.halleonard.com/mylibrary

Enter Code
5441-8102-2249-7981

ISBN 978-1-70517-120-2

Visita Hal Leonard Online en
www.halleonard.com

SELECCIONANDO TU GUITARRA

Las guitarras tienen tres tamaños diferentes: Las guitarras también son de tres tipos básicos:

4/4 (Estándar)	3/4	1/2	Eléctrica	Acústica	Clásica o Española

Las guitarras eléctricas son más delgadas y, por lo general, más fáciles de sostener para los principiantes. Las guitarras acústicas tienen un sonido limpio y brillante y son portátiles. Las guitarras clásicas tienen cuerdas de nylon que a menudo son más fáciles para los dedos. Elige la guitarra que mejor se adapte a ti.

Muy grande

Adecuada

PARTES DE LA GUITARRA

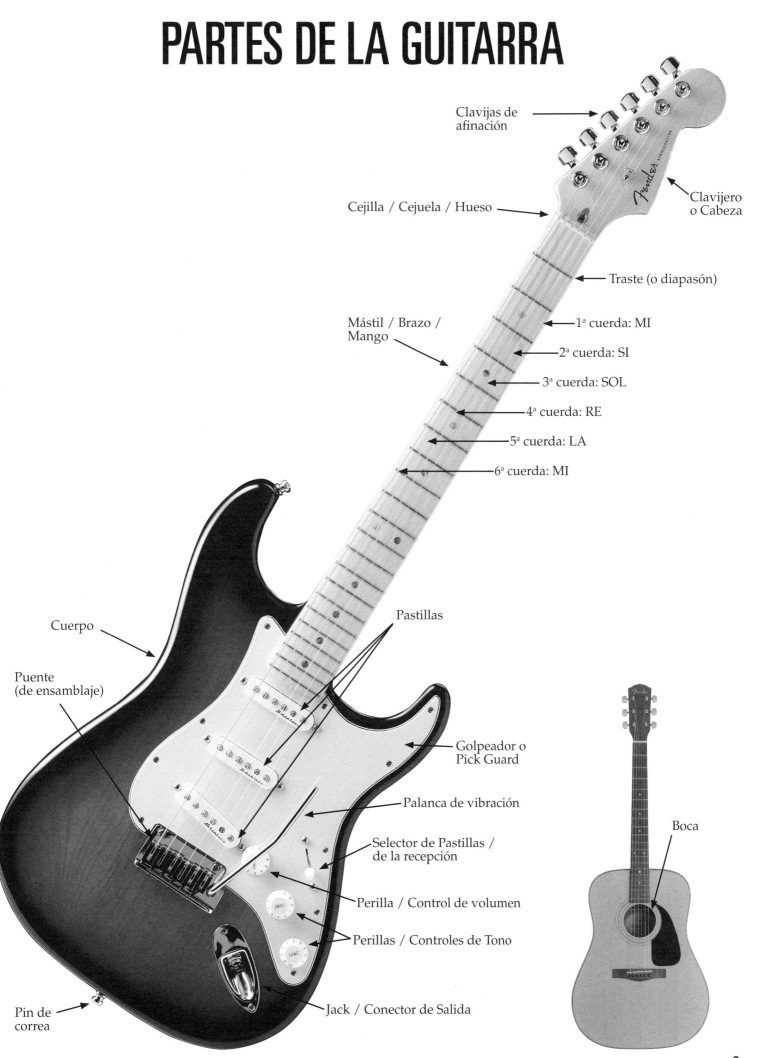

Clavijas de afinación

Clavijero o Cabeza

Cejilla / Cejuela / Hueso

Traste (o diapasón)

Mástil / Brazo / Mango

1ª cuerda: MI

2ª cuerda: SI

3ª cuerda: SOL

4ª cuerda: RE

5ª cuerda: LA

6ª cuerda: MI

Pastillas

Cuerpo

Puente (de ensamblaje)

Golpeador o Pick Guard

Palanca de vibración

Selector de Pastillas / de la recepción

Perilla / Control de volumen

Perillas / Controles de Tono

Jack / Conector de Salida

Pin de correa

Boca

SUJETAR LA GUITARRA

- Siéntate derecho y relájate

- Coloca los pies apoyados sobre el suelo o apoya un pie en un reposapiés

- Inclina el brazo/mástil de la guitarra ligeramente hacia arriba

- Levanta el muslo para evitar que la guitarra se deslice; ajusta la silla o el reposapiés

- Mira las fotos inferiores y coloca así la posición del cuerpo

POSICIONES DE LA MANO

Mano Izquierda

Los dedos se numeran del 1 a 4. Presiona la cuerda firmemente entre los trastes.

Coloca tu pulgar en el medio de la parte posterior del mástil. Arquea tus dedos y mantén la palma de la mano alejada del brazo.

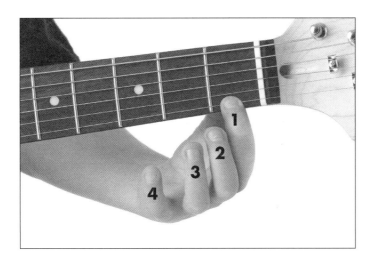

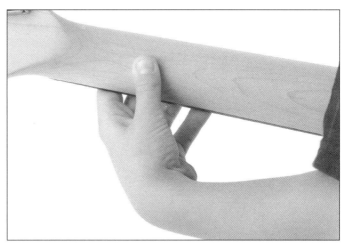

Mano Derecha

Sostén la púa entre el pulgar y el índice.

Pulsa o rasguea la cuerda con un movimiento hacia abajo de la púa o el pulgar a medio camino entre el puente y el brazo.

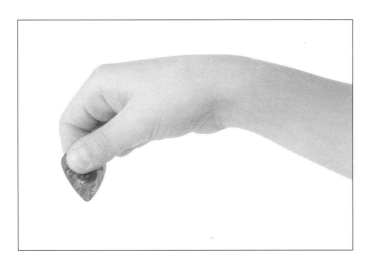

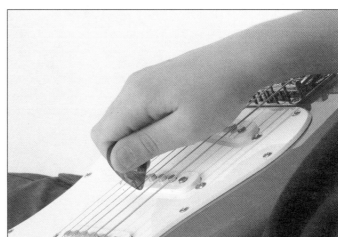

EL ACORDE DE DO (C)

Un **acorde** suena cuando se tocan más de dos cuerdas al mismo tiempo. Para tocar tu primer acorde, Do (C), utiliza tu primer dedo para presionar la segunda cuerda en el primer traste.

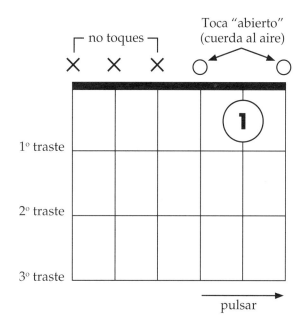

La música tiene un **ritmo constante**, como el tic-tac de un reloj. Cuenta en voz alta mientras pulsas.

pulsa	pulsa	pulsa	pulsa	pulsa	pulsa	pulsa	pulsa
╱	╱	╱	╱	╱	╱	╱	╱
1	2	3	4	1	2	3	4

¿ESTÁS PULSANDO?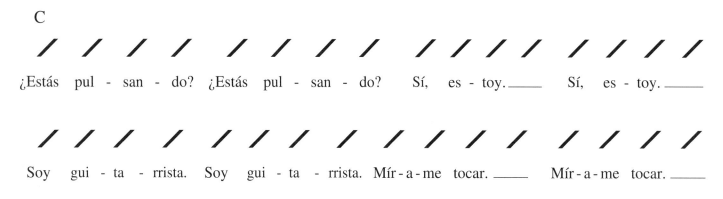

C

╱ ╱ ╱ ╱   ╱ ╱ ╱ ╱   ╱ ╱ ╱ ╱   ╱ ╱ ╱ ╱

¿Estás pul - san - do? ¿Estás pul - san - do?   Sí, es - toy.____   Sí, es - toy.____

╱ ╱ ╱ ╱   ╱ ╱ ╱ ╱   ╱ ╱ ╱ ╱   ╱ ╱ ╱ ╱

Soy gui - ta - rrista. Soy gui - ta - rrista. Mír - a - me tocar.____   Mír - a - me tocar.____

MELODÍA DEL PROFESOR:

EL ACORDE DE SOL7 (G7)

Utiliza tu primer dedo para presionar la primera cuerda en el primer traste.

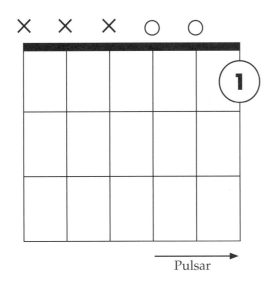

Pulsar

Las barras de compás dividen
la música en **compases**.

Una **doble barra** de compás
significa el final de la obra.

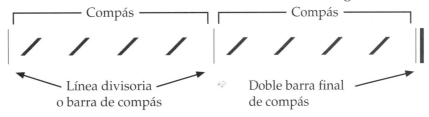

Compás — Compás

Línea divisoria — Doble barra final
o barra de compás — de compás

COCONUT

Letra y Música de
Harry Nilsson

G7

Put the lime in the coco - nut, drink 'em both up.   Put the lime in the coco-nut, drink 'em both   up.

Doc - tor,   is there   nothing I can take?   Doc - tor,   to relieve this belly ache?

MELODÍA DEL PROFESOR:

CAMBIANDO ACORDES

Practica pulsar el acorde de Do (C) y luego pasa a Sol7 (G7).

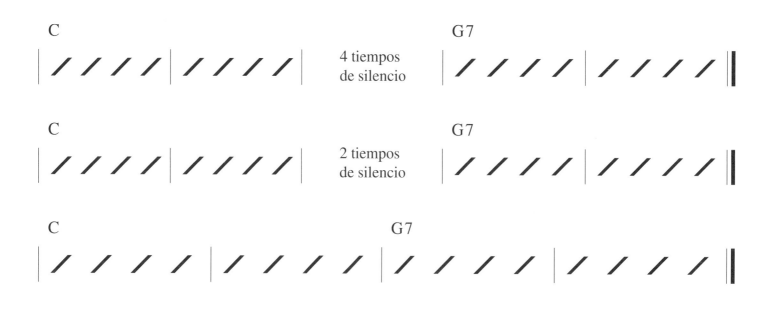

YELLOW SUBMARINE

Letra y Música de John Lennon
y Paul McCartney

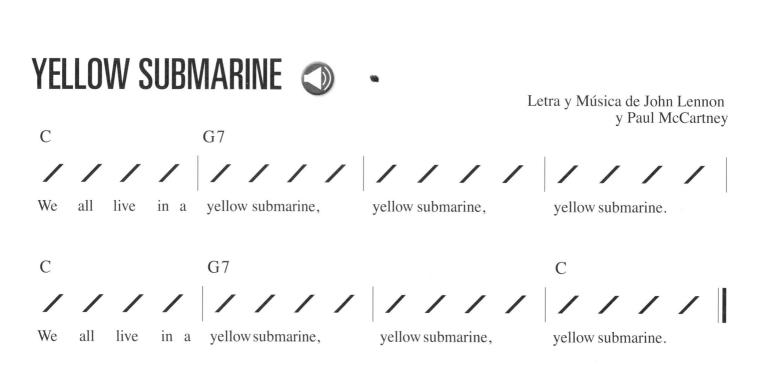

We all live in a yellow submarine, yellow submarine, yellow submarine.

We all live in a yellow submarine, yellow submarine, yellow submarine.

MELODÍA DEL PROFESOR:

THE HOKEY POKEY

Letra y Música de Charles P. Macak,
Tafft Baker y Larry LaPrise

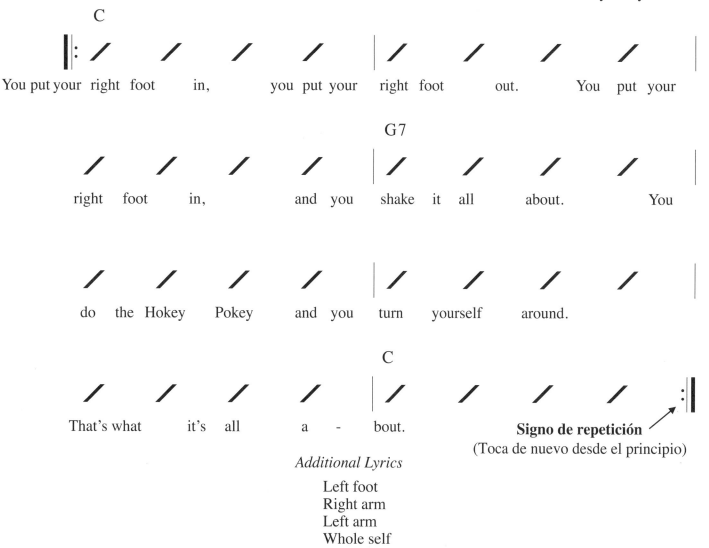

C

You put your right foot in, you put your right foot out. You put your

G7

right foot in, and you shake it all about. You

do the Hokey Pokey and you turn yourself around.

C

That's what it's all a - bout.

Signo de repetición
(Toca de nuevo desde el principio)

Additional Lyrics

Left foot
Right arm
Left arm
Whole self

MELODÍA DEL PROFESOR:

EL ACORDE MI MENOR (Em)

Utiliza tu segundo dedo para presionar la cuarta cuerda en el segundo traste.

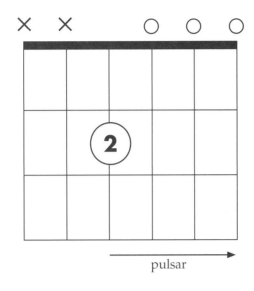

pulsar

GET UP STAND UP

Letra y Música de Bob Marley
y Peter Tosh

Em

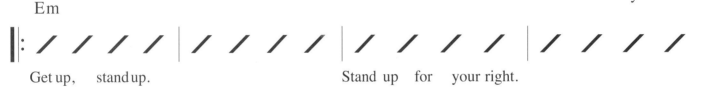

Get up,   stand up.   Stand up   for   your right.

Get up,   stand up.   Don't give up   the fight.

MELODÍA DEL PROFESOR:

ELEANOR RIGBY

Letra y Música de John Lennon
y Paul McCartney

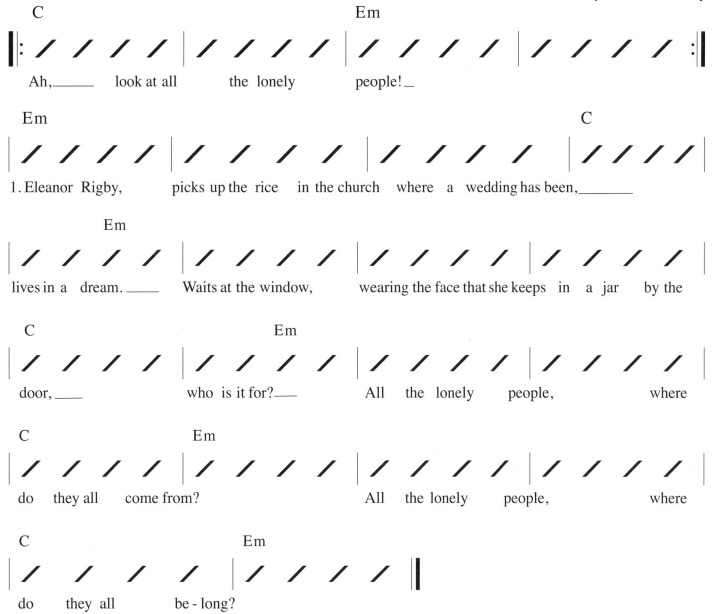

C   **Em**

Ah,_____ look at all   the lonely   people!__

Em   **C**

1. Eleanor Rigby,   picks up the rice   in the church   where a   wedding has been,_____

Em

lives in a dream.____   Waits at the window,   wearing the face that she keeps   in a jar   by the

C   **Em**

door,____   who is it for?__   All   the lonely   people,   where

C   **Em**

do they all   come from?   All   the lonely   people,   where

C   **Em**

do they all   be - long?

MELODÍA DEL PROFESOR:

LA NOTA MI (E)

Hasta ahora, has aprendido a tocar acordes. Si recuerdas, un acorde suena cuando se tocan más de dos cuerdas juntas. Ahora vamos a tocar algunas notas individuales.

Para tocar la nota Mi, toca la primera cuerda, sin presionar ningún traste (cuerda al aire), con un movimiento hacia abajo del pulgar o la púa.

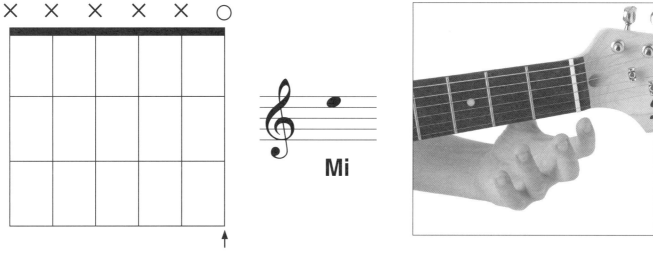

Mi

Tocar abierto – cuerda al aire
(sin dedos / no presionar)

La música está escrita en un **pentagrama** de cinco líneas y cuatro espacios. Cada línea y espacio de un pentagrama tiene un nombre que corresponde a una nota. La **clave** aparece al principio de cada pentagrama. La música de guitarra se escribe usando la **clave de sol**.

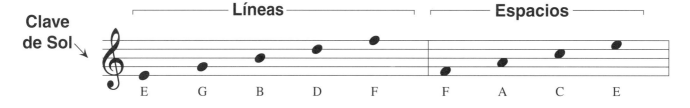

La primera cuerda abierta (E) es la nota Mi en el espacio superior del pentagrama. Toca cada nota E lenta y uniformemente, usando un movimiento hacia abajo del pulgar o de la púa.

MALAGUEÑA

ACOMPAÑAMIENTO DEL PROFESOR:

12

LA NOTA FA (F)

Utiliza tu primer dedo para presionar la primera cuerda en el primer traste.

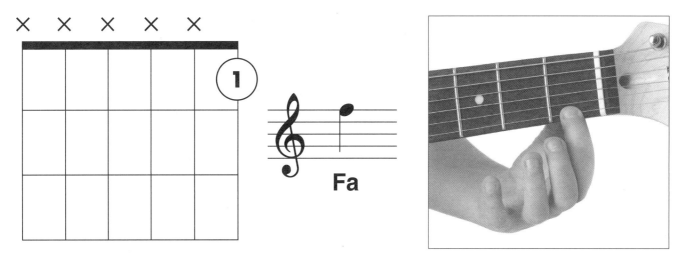

Fa

Una **signatura (o firma) de compás** aparece al comienzo de una obra musical e indica cuántos tiempos hay en cada compás y qué valor de nota es equivalente a un tiempo. En el compás $\frac{4}{4}$ ("cuatro cuartos" o "cuatro por cuatro"), hay cuatro tiempos en cada compás y **la negra** equivale a un tiempo. Una nota con cabeza negra y plica (cuerpo) (♩) se llama negra.

MELODÍA DE DOS NOTAS

Cuenta: 1   2   3   4

Signatura / Firma de Compás

ACOMPAÑAMIENTO DEL PROFESOR:

HAMMER HEAD

ACOMPAÑAMIENTO DEL PROFESOR:

LA NOTA SOL (G)

Utiliza tu tercer dedo para presionar la primera cuerda en el tercer traste.

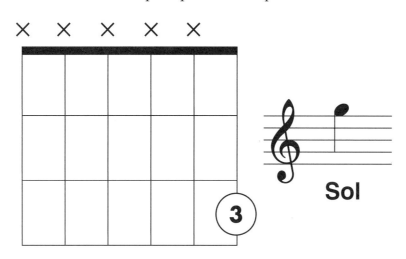

Sol

Una **blanca** (♩) dura dos tiempos. Es el doble de larga que una negra (♩).

$$♩ + ♩ = ♩$$

SECRET AGENT

Cuenta: 1 - 2   3   4

ACOMPAÑAMIENTO DEL PROFESOR:

GEE WHIZ

Cuenta: 1   2   3 - 4

ACOMPAÑAMIENTO DEL PROFESOR:

LA NOTA SI (B)

Ahora pasemos a la segunda cuerda. Para tocar la nota Si, toca la segunda cuerda al aire.

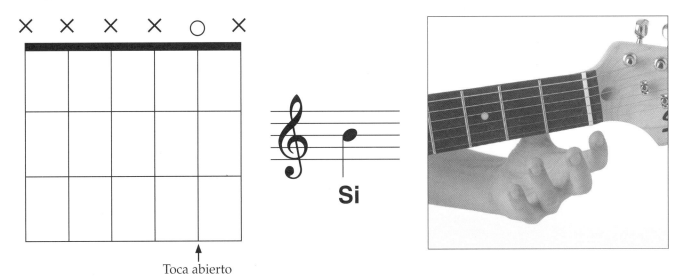

Toca abierto

Si

Una **redonda** (o) dura cuatro tiempos. Dura tanto como cuatro notas negras o dos blancas.

COOL BLUES

Cuenta: 1   2   3   4   1 - 2 - 3 - 4

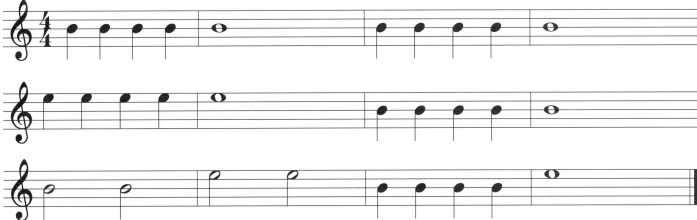

ACOMPAÑAMIENTO DEL PROFESOR:

Moderate Shuffle

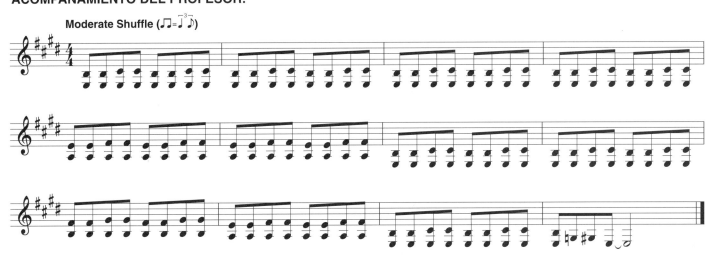

LA NOTA DO (C)

Utiliza tu primer dedo para presionar la segunda cuerda en el primer traste.

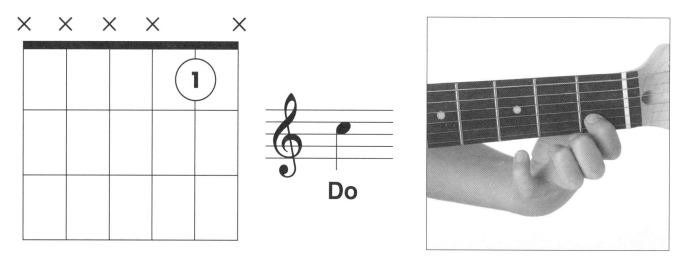

Do

Los silencios son sonidos de descanso. El **silencio de negra** (𝄽) significa mantener significa mantener silencio (no tocar) durante un tiempo.

DOUBLE TROUBLE (DOBLE PROBLEMA)

ACOMPAÑAMIENTO DEL PROFESOR:

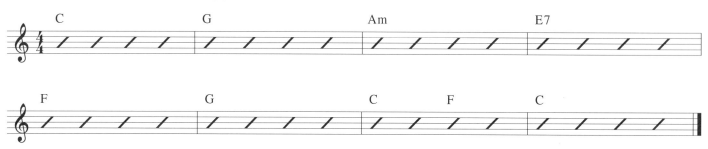

16

LA NOTA RE (D)

Utiliza tu tercer dedo para presionar la segunda cuerda en el tercer traste.

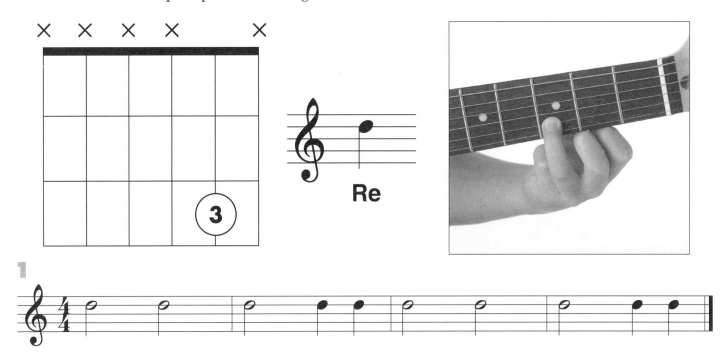

Re

1

El **silencio de blanca** (➖) significa estar en silencio dos tiempos.

2

ROCK CLIMBING (ESCALA ROCAS) 🔊

ACOMPAÑAMIENTO DEL PROFESOR:

REVISIÓN DE LAS NOTAS

Has aprendido hasta ahora seis notas: tres en la primera cuerda y tres en la segunda cuerda.

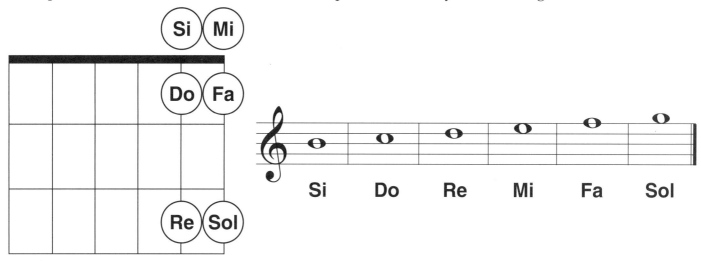

En los ejercicios que siguen, las notas se mueven de cuerda en cuerda. Mientras tocas una nota, mira hacia adelante a la siguiente y coloca tus dedos en posición.

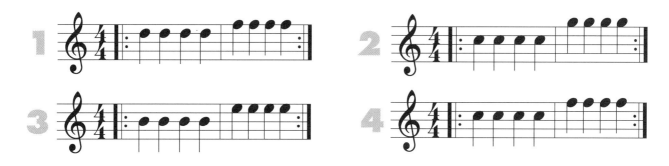

ODA A LA ALEGRÍA

Beethoven

18

Algunas canciones comienzan con **notas anacrusa**. Cuenta los tiempos que faltan en voz alta antes de empezar a tocar.

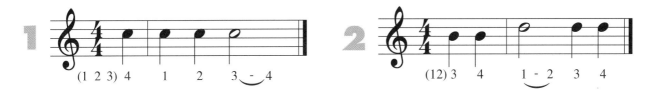

BARBARA ANN

El profesor toca el cifrado

Letra y Música de
Fred Fassert

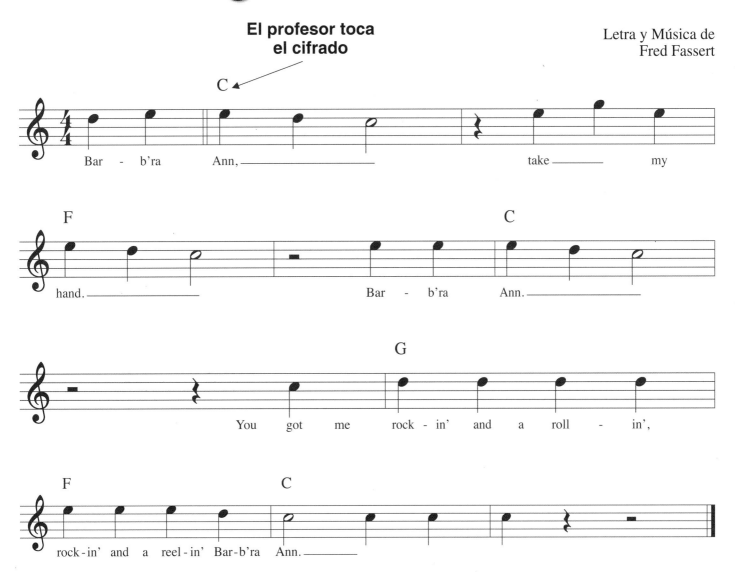

EL ACORDE DE SOL (G)

Utiliza tu tercer dedo para presionar la primera cuerda en el tercer traste.

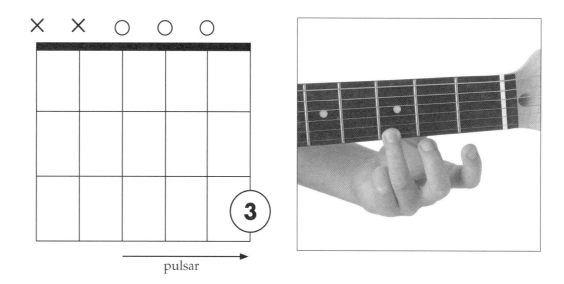

pulsar

Patrones de rasgueo a veces se escriben en el pentagrama para ayudarte a hacer un seguimiento de dónde están los golpes dentro del compás.

ABC

Letra y Música de Alphonso Mizell,
Frederick Perren, Deke Richards y Berry Gordy

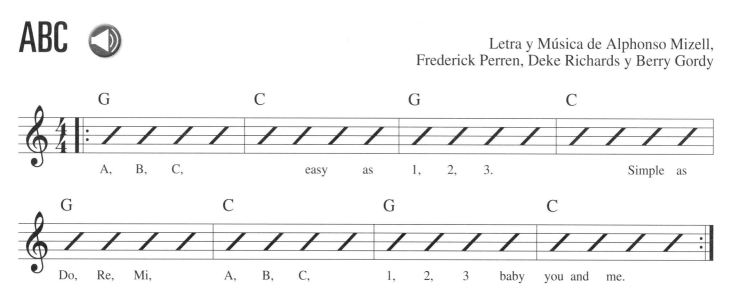

A, B, C, easy as 1, 2, 3. Simple as

Do, Re, Mi, A, B, C, 1, 2, 3 baby you and me.

MELODÍA DEL PROFESOR:

EL ACORDE DE RE (D)

Para el acorde de Re (D), deberás presionar tres notas al mismo tiempo.

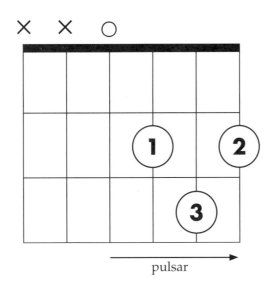

pulsar

LAND OF A THOUSAND DANCES (TIERRA DE LAS MIL DANZAS)

Letra y Música de
Chris Kenner

Na,   na,na,na,na,   na,na,na,na,   na, na, na,   na,na,   na,   na,na,na,na.

MELODÍA DEL PROFESOR:

ACORDE A ACORDE

Ya sabes tocar cinco acordes diferentes. Practiquemos cambiar entre dos acordes a la vez. Ve despacio al principio; está bien hacer una pausa entre acordes si es necesario, en el comienzo.

THIS LAND IS YOUR LAND
(ESTA TIERRA ES TU TIERRA)

Letra y Música de
Woody Guthrie

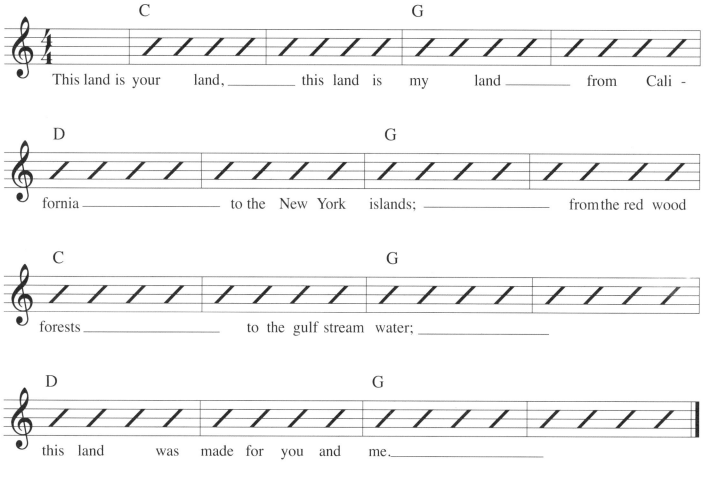

MELODÍA DEL PROFESOR:

YOU ARE MY SUNSHINE (ERES MI SOL)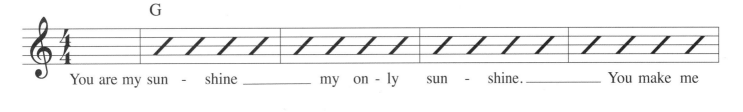

Letra y Música
de Jimmie Davis

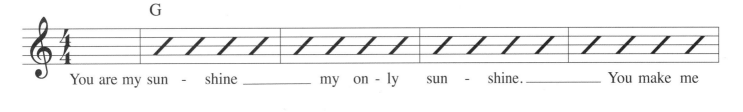

G

You are my sun - shine _____ my on - ly sun - shine. _____ You make me

C　　　　　　　　　　　　　　　　　　　**G**

hap - py _____ when skies are gray. _____ You'll nev - er

C　　　　　　　　　　　　　　　　　　　**G**

know, dear, _____ how much I love you. _____ Please don't

D　　　　**G**

take _____ my sun - shine a - way. _____

MELODÍA DEL PROFESOR:

Hasta ahora, has pulsado las cuerdas cuatro veces por compás. Ahora vamos a intentar pulsar dos veces por cada tiempo u ocho veces por compás. Alterna entre rasgueos hacia abajo y hacia arriba.

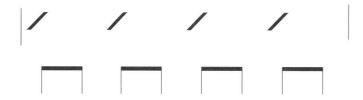

Abajo arriba abajo arriba abajo arriba abajo arriba

Prueba el nuevo rasgueo de abajo hacia arriba con canciones que aprendiste anteriormente y luego intenta con "Hound Dog."

HOUND DOG (PERRO DE CAZA)

Letra y Música de
Jerry Leiber y Mike Stoller

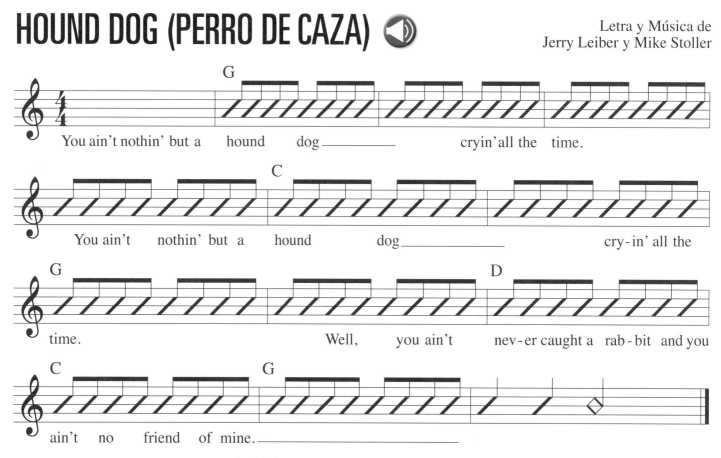

MELODÍA DEL PROFESOR:

BROWN EYED GIRL (NIÑA DE OJOS CASTAÑOS)

Esta famosa canción de Van Morrison utiliza cuatro acordes. Puedes pulsar con todos los golpes descendentes o usar el nuevo patrón de abajo hacia arriba.

Letra y Música de
Van Morrison

Intro

G   C   G   D

Estrofa

G   C   G   D

Hey, where did we go?
laughing and a-running, hey, hey,

Days when the rains came,
skipping and a - jumping.

G   C   G   D

down in   the   hollow
In the misty   morning fog with

playin' a new   game,
our   heart's a - thumping, and

C   D   G   Em   C   D

you,   my brown eyed girl.   You,   my   brown eyed

G   D

girl.   Do you remember when   we used to sing:

Coro

G   C   G   D

sha la   la   la   la   la   la   la   la   la   la te da.

G   C   G   D   G

Sha la   la   la   la   la   la   la   la   la   la te da,   la te da.

Copyright © 1967 UNIVERSAL MUSIC PUBLISHING INTERNATIONAL LTD.
Copyright renovados.
Todos los derechos en Norteamérica y Canadá controlados y administrados por UNIVERSAL – SONGS OF POLYGRAM INTERNATIONAL., INC.
Todos los derechos reservados. Utilizado con permiso.

MELODÍA DEL PROFESOR:

Intro   G   C   G   D   Estrofa G   C

etc.

25

LAS NOTAS SOL (G) Y LA (A)

Ya aprendiste a tocar la nota Sol en la primera cuerda. Se puede tocar otra nota Sol al tocar la tercera cuerda al aire. Para tocar la nota La, presiona la primera cuerda en el segundo traste.

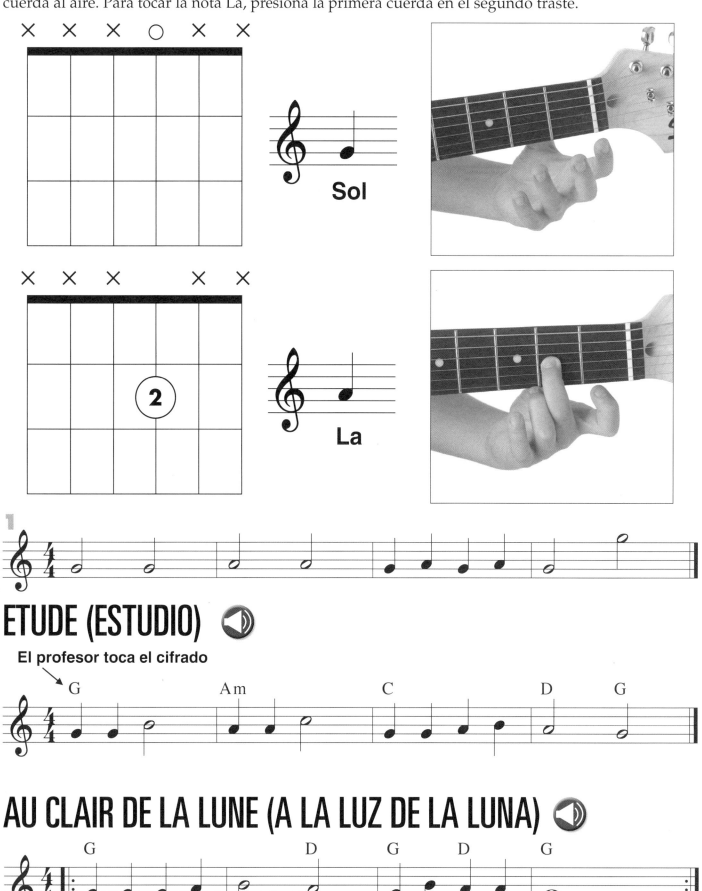

ETUDE (ESTUDIO)

El profesor toca el cifrado

G   Am   C   D   G

AU CLAIR DE LA LUNE (A LA LUZ DE LA LUNA)

G   D   G   D   G

LOVE ME TENDER (ÁMAME TIERNAMENTE)

El profesor toca el cifrado

Letra y Música de Elvis Presley y Vera Matson

Love me ten - der, love me sweet; nev - er let me go.

You have made my life com - plete, and I love you so.

Love me ten - der, love me true, all my dreams ful - fill.

For my dar - lin' I love you, and I al - ways will.

TIEMPO DE TRES CUARTOS (TRES POR CUATRO)

Ciertas músicas tienen tres tiempos por compás en lugar de cuatro. El símbolo del tiempo de tres por cuatro es:

Tres tiempos por compás, la negra (♩) vale un tiempo.

BIRTHDAY SONG (CANCIÓN DE CUMPLEAÑOS)

El profesor toca el cifrado

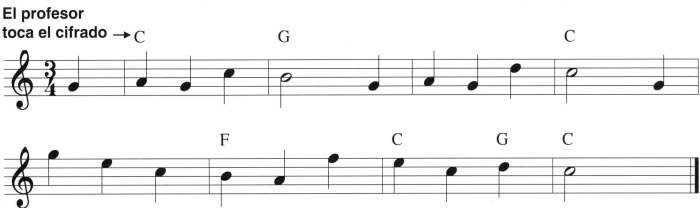

EL ACORDE DE LA (A)

Utiliza los dedos 1, 2 y 3 para presionar las cuerdas cuatro, tres y dos en el segundo traste. Arquea los dedos para que la primera cuerda suene al aire (abierta).

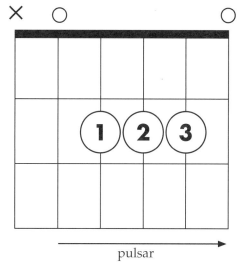

pulsar

LOW RIDER

Estrofa

Letras y Música de Sylvester Allen, Harold R. Brown, Morris Dickerson, Jerry Goldstein, Leroy Jordan, Lee Oskar, Charles W. Miller y Howard Scott

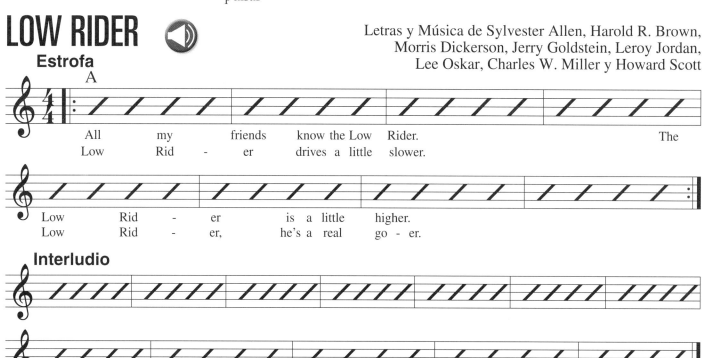

All my friends know the Low Rider. The
Low Rid - er drives a little slower.

Low Rid - er is a little higher.
Low Rid - er, he's a real go - er.

Interludio

Take a little trip, take a little trip, take a little trip and see.

MELODÍA DEL PROFESOR:

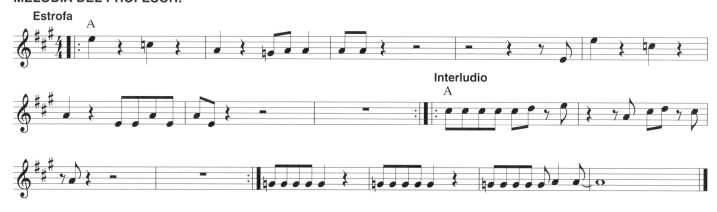

SURFIN' U.S.A.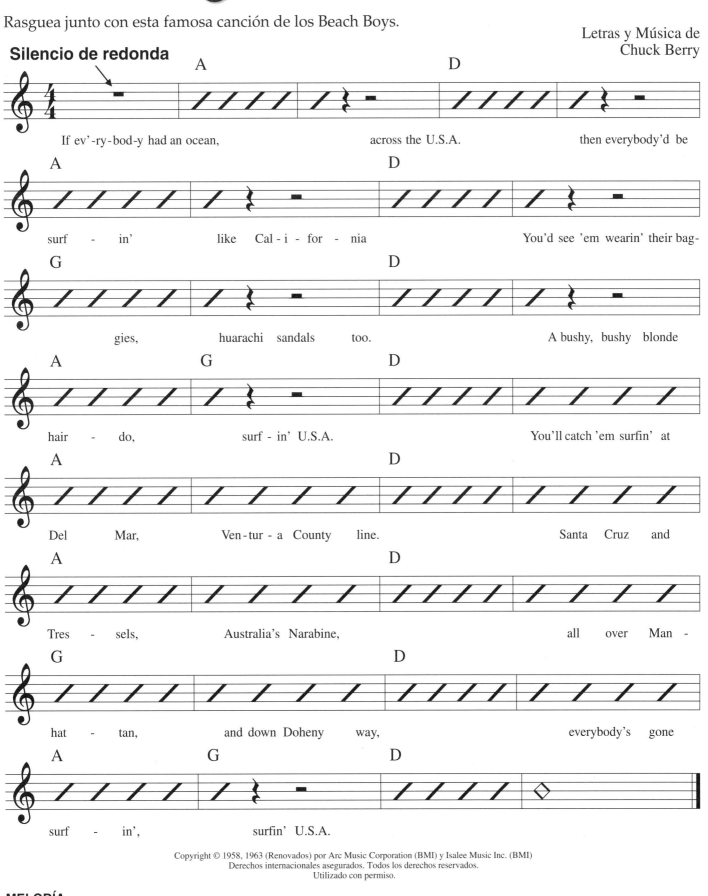

Rasguea junto con esta famosa canción de los Beach Boys.

Letras y Música de
Chuck Berry

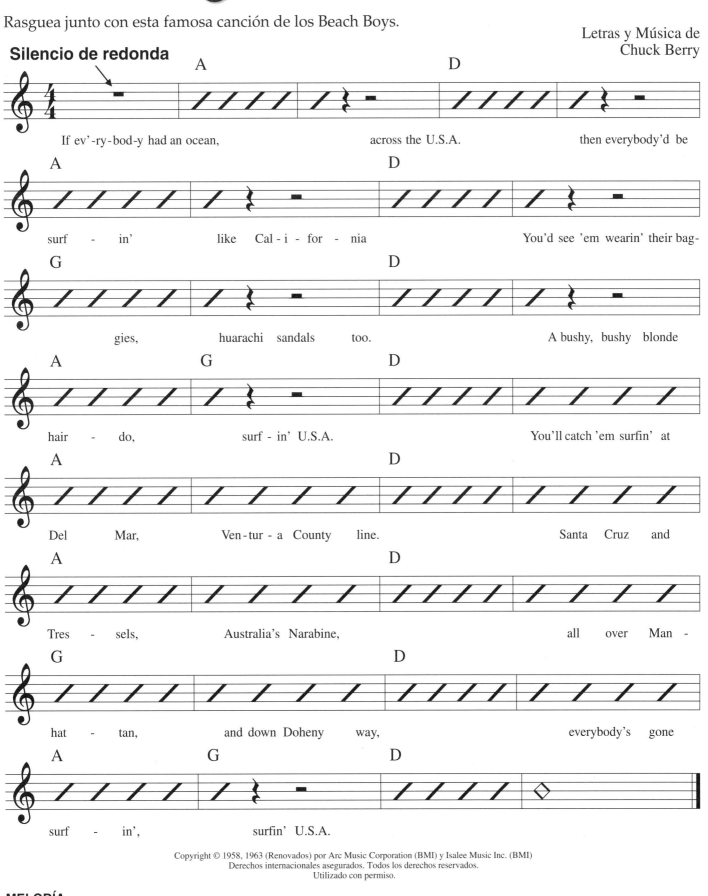

Copyright © 1958, 1963 (Renovados) por Arc Music Corporation (BMI) y Isalee Music Inc. (BMI)
Derechos internacionales asegurados. Todos los derechos reservados.
Utilizado con permiso.

MELODÍA:

¡Ahora sabes lo suficiente sobre la guitarra para tocar las notas o los acordes de esta última canción!

I'M A BELIEVER

Letras y Música de
Neil Diamon

Intro

Estrofa

I thought love was on - ly true in fair - y tales,

meant for some - one else but not for

Pre coro

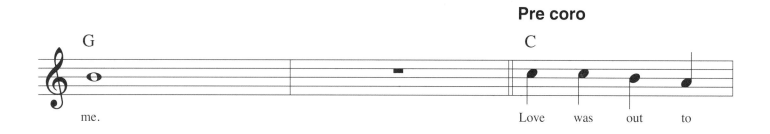

me.   Love was out to

get me.   That's the way it seemed.

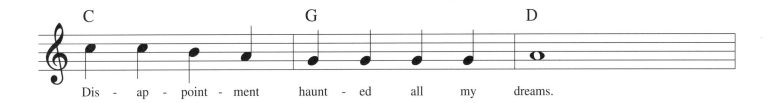

Dis - ap - point - ment haunt - ed all my dreams.

Coro

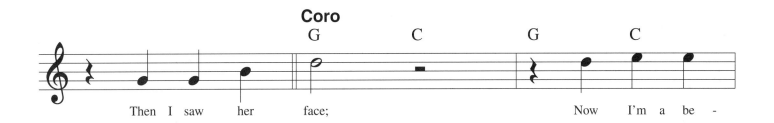

Then I saw her face; Now I'm a be -

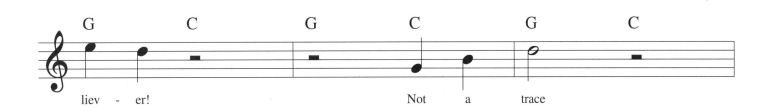

liev - er! Not a trace

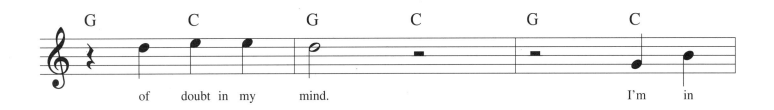

of doubt in my mind. I'm in

love, I'm a be - liev - er! I couldn't

leave her if I tried.

CERTIFICADO DE LOGRO

Felicitaciones a

_____
(TU NOMBRE)

_____
(FECHA)

HAS COMPLETADO

GUITARRA PARA NIÑOS LIBRO 1

_____
(FIRMA DEL PROFESOR)

Estás listo para empezar

GUITARRA PARA NIÑOS LIBRO 2